4e LIVRAISON

LA FÉE DOLOR

SUIVIE DE

LA FEMME-CHEVAL

PAR **Adélaïde GUILLAUME**

PRIX : 10 CENTIMES

LA LIVRAISON

REIMS

IMPRIMERIE A. RAVILLON, RUE CÉRÈS, 17

1881

L'OUVRIÈRE RÉMOISE

PAR

ADÉLAIDE GUILLAUME

Prix : 10 CENTIMES

LA LIVRAISON

La 2e livraison paraîtra incessament.

1

REIMS

IMPRIMERIE L. DUFOUR, RUE DE TALLEYRAND, 48

1881

L'OUVRIÈRE RÉMOISE

A MA SŒUR

Le mois de juin allait finir ; le soleil, radieux, versait des flots de vivifiante chaleur : un vieillard s'acheminait lentement vers les allées ombreuses qui s'étendent entre la Vesle et le Canal, non loin du port ; c'était un invalide du travail, pensionnaire de l'hospice des vieillards, qui mettait à profit les quelques heures d'un jour de congé pour venir rêver dans ce lieu plein de fraîcheur et de silence.

Je l'avais suivi et me tenais debout pres du banc où il venait de s'asseoir, car j'avais à lui demander quelques renseignements que lui seul pouvait me donner. Aux premiers mots que je prononçai le vieillard leva sur moi un regard tout ensemble scrutateur et bienveillan puis, après un silence dans lequel il parut se recueillir :

— Eh bien, soit ! me dit-il, vous êtes venue près de moi parce que vous savez que je suis l'ami de celle que vous aimez, rien qu'à la voir et sans la connaître, votre désir sera satisfait.

Et du geste, m'invitant à m'asseoir à ses côtés, il commença d'une voix calme et dans un langage familier ce simple récit, qu'il m'a fallu quelque peu traduire :

« Elle était toute petite et mignonne quand je l'ai connue, il y a longtemps déjà ! j'avais soixante ans, mais j'étais encore assez robuste pour mon âge ; je venais d'entrer dans la même filature que son père et le dimanche suivant j'allai le chercher pour faire un bout de promenade. Ah ! ce n'était pas gai ce que je vis en entrant : une femme malade, alitée depuis plusieurs mois et trois petits garçons, dont le plus âgé n'avait pas cinq ans. Ce n'était pas bien difficile de savoir de quoi était malade cette pauvre mère ; ces gens-là étaient fiers ; en voyant augmenter la famille, elle avait redoublé de courage au travail et retranché pour la petite famille ce qui était son nécessaire à elle : c'est comme cela bien souvent qu'on gagne la phtisie ! La maladie de cette femme s'appelait la misère.

« Pourtant il y avait dans la maison comme un rayon de soleil : il y avait une fillette de dix ans qui allait et venait dans la chambre, rangeant, frottant, habillant les petits frères, donnant le bol de tisane à la malade et venant de temps à autre écarter le nuage qui assombrissait le front de son père en lui adressant quelques paroles carressantes, tout cela sans bruit et sans qu'on ait eu presque le temps de la voir.... C'était l'aînée des quatre enfants de mon camarade ; on l'appelait Rose ! Et puisque vous la connaissez, dites-moi, ne trouvez-vous pas que sa marraine a bien fait de lui donner ce nom-là ; avez-vous jamais vu de plus jolies couleurs ? et ses yeux, ses yeux si bleus et si doux ! Je ne suis guère connaisseur en fait de beautés, mais tout ce que je puis dire, c'est qu'aucun visage ne m'a jamais fait autant de plaisir à voir : le regard de cette petite avait quelque chose de si bon que lorsqu'elle me regardait je me sentais devenir meilleur; mais la chère enfant me prit aussi tout de suite en amitié et je puis bien dire que depuis des années que cette amitié-là dure, elle a toujours été aussi vive et aussi dévouée.

» Voilà comment j'ai vu grandir la jolie Rose. Tous les dimanches j'allais chez son père, nous faisions une partie de cartes ou nous causions ; la mère était rétablie mais il y avait à la maisen un grand chagrin : cette longue maladie avait épuisé toutes les ressources de ces pauvres gens ; il y avait des dettes en masse et pour les payer ils étaient obligés d'avoir recours au travail de la petite Rose. L'enfant allait venir travailler avec son père à la filature.

Rose dans un atelier, quelle tristesse ? le visage du pére était de plus en plus sombre et la mère ne cessait de pleurer ; les mères font toujours de si beaux rêves pour leurs filles ! celle-ci avait rêvé que la sienne serait modiste : ses jolis petits doigts étaient si bien faits pour chiffonner les rubans et la dentelle, quelle déception! la pauvre femme répétait toujours cela et toujours pleurait. C'était pourtant l'enfant qui remettait du courage au cœur de ses parents; elle était d'une gaieté extraordinaire; sa bonne petite âme était toute fière de prendre sa part de la charge commune.

— Songe donc, maman, disait-elle, comme je vais gagner beaucoup d'argent, nous paierons le boulanger et mes petits frères auront de bons souliers.

Je vous le dis, c'était déjà une petite mère de famille. Et à l'atelier donc, il fallait la voir trotter menu dans le métier de son père, rassembler les fils, de ci, de là, on aurait dit que la besogne fondait dans ses mains. Tous les ouvriers l'admiraient; si petite et si vaillante elle nous souriait à tous de son joli sourire et elle chantait, chantait toujours. Je ne me rappelle point de lui avoir vu une seule fois l'air ennuyé, s'ennuyer, est-ce qu'elle avait le temps? C'était pourtant une vie bien monotone et bien rude, allez! Tous les matins se lever avant cinq heures (car la journée commence à cinq heures et un quart dans l'été et une heure plus tard en hiver). Elle arrivait toute gaie, proprette, presque pimpante avec ses habits rapiécés ; tout lui séyait si bien ! Elle se mettait vite à l'ouvrage et c'était pour jusqu'au soir, comme nous autres, les forts, elle prenait juste le temps de manger ; quelquefois son père la regardait ; il devenait tout pâle et comme s'il avait eu un remords de voir se fatiguer ainsi ce pauvre petit corps, il commandait à Rose de se reposer ; eh bien ! malgré tout, la petite devenait forte et gardait ses belles couleurs : cette fillette-là était vraiment née ouvrière ; quand elle rentrait le soir avec son père, elle n'était pas contente si sa maman ne lui trouvait point un peu de besogne à faire. Et c'était vraiment un bonheur pour les pauvres gens que le courage de cette enfant ; la mère avait essayé de reprendre son travail, mais que voulez-vous, c'était une femme épuisée : hélas, pour la refaire, il aurait fallu une bonne nourriture et beaucoup de ménagements ; elle avait grand'peine de préparer le repas et à raccomoder les vêtements de la famille ; quand à les blanchir, ça lui était tout-à-fait impossibe : il n'y avait pas non plus moyen de penser à les donner à une blanchisseuse, cela aurait été impossible avec leurs chétives ressources ; bravement, la petite Rose s'empara de cette besogne. Mais qu'est-ce que je vous dirai là-dessus, puisque vous l'avez admirée à l'œuvre, m'avez-vous dit? Vous l'avez vue entrer au lavoir avec son père qui portait la charge et organiser comme une petite femme son mitonnage, et moi quand j'arrivai chez ses parents, dans l'après-midi, je la trouvai en train de faire sécher tout cela ; pauvre chère petite !

— Regardez-donc, papa Léonard, disait-elle, ma lessive, est-ce qu'elle est blanche ?

— Oui, oui, Rosette, lui répondais-je tout ému, mais les petites mains sont dichirées

Et elle répondait gaiement, tout en regardant ses mains qui saignaient :

— Ah ! bah, demain il n'y paraîtra plus.

Voilà bien des petits détails, mais, que voulez-vous, l'existence de Rose n'est faite que de cela et pourtant comme elle a été belle et utile! Vous qui êtes venue me prier de vous la raconter, vous n'en avez deviné qu'une partie : non! malgré tout l'intérêt que vous lui portez, vous n'avez pu la juger telle qu'elle est, c'est à moi, son vieil ami, de vous la faire connaître.

Il me faut d'abord vous parler d'une chose qui a eu dans sa vie une grande importance. Avant la maladie de sa mère, Rose avait été pendant deux ans à l'école ; elle savait donc lire et même un peu écrire ; mais du moment où elle quitta l'école pour soigner sa mère, tout fut dit pour les livres et les cahiers ; elle n'avait point de trop de toutes ses forces et de ses pensées pour la tâche qu'elle avait à fournir ; je crois même qu'elle n'eut pas le loisir de regretter ses études et, de plus, qu'elle aurait cru faire mal d'ouvrir un livre : c'est bien triste à dire, mais c'est comme cela, et les pauvres petites filles qui vont comme Rose travailler du tard et du matin ont bientôt fait de perdre ce qu'elles ont appris.

Rose n'avait rien oublié, pourtant; on le vit bien quand elle eut atteint ses dix-sept ans, que sa mère fut un peu rétablie et put l'aider dans la besogne de la maison ; puis un de ses petits frères était venu la remplacer à la filature où elle avait un emploi plus avantageux. Le dimanche elle allait encore au lavoir car elle n'avait point voulu céder sa place à sa mère, mais, une fois rentrée, Rose pouvait avoir quelques heures à elle : alors il lui vint à l'idée de rechercher ses livres de classe et les prix qu'elle avait gagnés à la distribution ; elle commença par lire tout bas, mais elle ne se fit pas prier pour lire à haute voix.

Quel bon temps pour moi que celui-là : je n'avais personne au monde et je m'étais attaché à cette famille comme si elle avait été la mienne. Tous les dimanches j'arrivais vers les quatre heures : oh ! j'étais bien sûr de les trouver à m'attendre ; dans l'escalier j'aspirais l'arome du café qui m'attendait aussi ; nous le buvions gaiement et notre jolie Rosette nous faisait une lecture ; sa voix était comme ses yeux : il y avait dedans je ne sais quoi qui ressemblait à de l'aimant et qui vous attirait le cœur ! On entendait que tout ce qu'elle lisait pénétrait dans sa pensée et c'est pour cela qu'en l'écoutant on se sentait ému comme elle : le bon temps ! c'est, je crois, le meilleur de ma vie, mais aussi celui où j'ai regretté de ne pas savoir lire parce que je sentais que ma pauvre intelligence, si bornée, aurait pu se développer et que la lecture m'aurait donné un bonheur que je n'avais jamais connu.

Tout en pensant à ces choses, j'écoutais lire la jeune fille, mais comme ces livres n'étaient pas nombreux elle fut bientôt au bout ; alors je pensai à lui en procurer ; j'avais bien dans un coin de ma chambre un pâquet de journaux et une dizaine de petits livres qui étaient là depuis longtemps, mais tous ces écrits étaient de la politique ; et je me disais que cela n'amuserait point une fillette ; d'ailleurs, ma conviction était qu'une femme ne doit point se mêler dans ces graves affaires : au surplus, comme j'aurai occasion de vous parler encore de tout cela, vous jugerez si j'avais tort ou raison.

Donc, j'avais pris goût à la lecture que nous faisait Rose, et tous les dimanches, j'allais acheter deux ou trois numéros de journaux à bon compte et Rose lisait, lisait toujours sans avoir l'air de se fatiguer plus qu'à la besogne, cela dura trois ans; ces trois années avaient achevé de former le caractère de Rose et je puis bien dire que c'est le plus beau que j'ai rencontré dans ma vie : ce n'était pas seulement un bon cœur, non! elle avait quelque chose de plus : elle savait que tout le monde la chérissait ,pour sa gentillesse et pour son grand courage, eh bien, elle profitait de cette influence pour faire le bien, pour retenir par une bonne paroie quelqu'amie prête à s'égarer. Je la vois encore, le dimanche, avec son livre à la main, ses cheveux blonds qui frisaient autour de son front et qui lui faisaient comme une couronne, elle nous souriait : nous nous regardions, le père, la mère et moi comme pour dire : voilà la joie de la maison! quelquefois une de ses compagnes d'atelier entrait, toute parée pour aller au bal, Rose savait si bien la retenir par ses calineries qu'elle finissait par s'asseoir; la petite lectrice reprenait sa lecture et plus d'une fois on oubliait, en l'écoutant, et la promenade et le bal !

D'autres fois, c'était un brave homme qui venait avec l'intention bien arrêtée d'enlever le père de Rose pour aller boire avec lui une chopine au cabaret du coin : il tendait l'oreille sans trop y prendre garde, et, ma foi,à la fin, il s'en allait bien tard, sans plus songer à la chopine tout étonné d'avoir pris tant d'intérêt à un livre.

« C'est tout de même une bonne chose qu'une lecture bien faite. » On se disait cela à l'atelier et, quelquefois le dimanche nous étions là une dizaine, tous silencieux et attentifs. Quand les petits devenaient bruyants, la grande sœur avait un secret pour les appaiser : un bonbon, une carresse, tout le petit monde rentrait dans l'ordre, car ils l'aimaient et la respectaient à l'égal de leur mère. Et ce n'était point trop, croyez-le, on ne saurait jamais tous les sacrifices qu'elle a fait pour eux, j'en pourrais vous dire par milliers, mais je ne vous en dirais qu'un seul et ce sera assez pour vous faire deviner les autres.

Il faut d'abord que je vous confie, (mais cela

c'est bien entre nous) que j'avais remarqué chez Rose un petit penchant à la coquetterie. Oh ! la chère enfant ! une coquetterie bien innocente, allez, mais enfin elle tâchait d'être aussi bien que possible dans ses pauvres habits ; son père voyait bien cela aussi, depuis longtemps il amassait une petite somme pour satisfaire un désir de sa fille qu'il croyait deviner, C'était huit jours avant la Saint-Louis, fête des filatures et des tissages mécaniques. Le dimanche, dès le matin, le bon père s'absenta ; à son retour il étala sur le lit une pièce de jaconas, le fond blanc avec des fleurettes bleues.

— Tiens, ma ,Rosette, fit-il, il y a assez longtemps que tu travailles sans te reposer un jour : je veux dans huit jours te conduire à la fête ; tu l'as bien gagné !

Non, il n'est pas possible de vous dire la joie de la jeune fille, jamais elle n'avait eu une si belle robe ; elle était en extase. Son bonheur se traduisait par un redoublement de tendresse et de prévenances dont j'avais ma part. Ce jour-là on n'eut guère le temps de lire ; la maman se mit à tailler la robe qui devait être faite à temps perdu, Rose cousait tout en chantant ; enfin, le dimanche suivant, ce travail était achevé : la petite passa dans son cabinet puis elle rentra bien tôt ; elle avait mis sa belle robe pour l'essayer ; c'était la première fois que je la voyais en toilette et je peux bien avouer qu'il me semblait qu'il ne pouvait pas y avoir dans toute la France une aussi jolie fille et une plus belle robe. Le père déclara qu'elle serait la mieux parée de la fête et je fus de son avis.

— Vous autres hommes, vous oubliez les détails, dit la mère en souriant, est-ce que Rose peut aller à la fête sans une coiffure ? Tiens, dit-elle à sa fille en lui tendant une pièce de cinq francs, moi aussi, j'avais fait ma bourse pour toi. Rose courut embrasser sa mère en la remerciant ; elle ôta joyeusement sa belle robe et se disposait à aller acheter son bonnet quand le plus petit de ses frères rentra : elle se mit à le regarder puis devint toute rêveuse et finit par l'emmener avec elle.

Une demi-heure après elle rentrait avec

l'enfant, elle avait les mains vides ; en voyant notre surprise elle se mit à rire éperduement :

— Est-ce que je ne suis pas bien coiffée ? dit-elle enfin, en nous montrant les pieds du petit, chaussé à neuf.

La mère voulait gronder, mais une carresse la rendit plus calme.

— Dis, ma bonne mère, répétait Rose, est-ce que ça n'aurait pas été une honte d'avoir sur la tête de beaux rubans tandis que mon petit frère aurait été nu-pieds ?

Voyez-vous, jamais je n'avais eu un pareil attendrissement ; ses parents et moi nous avions des larmes dans les yeux, mais elle trouvait cela tout naturel et nous disait d'un air mutin en secouant ses cheveux bouclés :

— Est-ce que j'ai besoin d'une autre coiffure ?

Et elle disait bien vrai ; le lendemain, en la voyant au bras de son père, avec sa couronne blonde et sa toilette si fraîche, si élégante et si simple, je me disais que c'eut été grand dommage d'y rien ajouter.

Mais ce n'était pas la première fois que je

la voyais montrer son bon cœur : à l'atelier, quand il y avait un malade on la voyait arriver le samedi, à l'heure de la paye, avec son petit tablier tendu : elle disait à chacun quelque mots avec son sourire d'enfant gâtée et les gros sous tombaient comme d'eux-mêmes. Un autre jour il arrivait qu'un pauvre conscrit allait partir sans argent dans la poche, vite, Rose organisait une collecte et remettait bientôt aux mains du partant un petit boursicaut.

Qu est-ce donc que je vous dirai encore ? si je veux tout vous dire, je n'en finirai plus car elle n'avait pas plutôt achevé une bonne action que tout de suite c'était le tour d'une autre ; jamais je n'aurais cru qu'une femme, à elle seule, serait capable de rendre tant de bons services, mais Rose m'avait bien converti à cet égard ; bien souvent en la voyant si bonne, si dévouée pout tout le monde, je me disais : Ah ! si les femmes savaient ce qu'elles valent, que de belles choses elles feraient et comme nous les aimerions. *(Voir la suite à la 2e liv.)*

Reims, Imp. L. DUFOUR, rue de Talleyrand, 48.

L'OUVRIÈRE RÉMOISE

(*Suite*)

Tout en admirant la jeune ouvrière, j'avais oublié la vieillesse : mais elle ne m'avait point oublié, il paraît, car le jour où j'entendis sonner mes soixante-dix ans, il m'advint un rhumatisme qui me cloua pendant trois mois au lit : ma bonne petite Rose venait tous les jours me voir et me soigner avec l'aide de sa mère : malheureusement mes petites économies avaient été bien vite épuisées et le médecin ne me laissait pas l'espoir de retourner à la filature, c'était un rude coup pour moi ; ce fut encore la petite qui vint me consoler et me montrer tout doucement le chemin qu'il fallait prendre :

— Quoi, papa Léonard, voilà plus de soixante ans que vous maniez la laine à pleines mains et vous n'êtes pas encore content? tout le monde ne travaille point jusqu'à soixante-dix ans, savez-vous! Allons, il faut en prendre votre parti, bravement, comme vous le faisiez à la besogne, il faut vous reposer ; le pire c'est que vous ne pouvez pas rester bien longtemps sans travailler..... Ah! s'il ne tenait que de vous donner mes soins, je le ferai de grand cœur!..... mais, ce n'est pas tout, ce n'est pas assez... il faut manger, et se loger... heureusement, il y a un refuge pour les pauvres travailleurs....

— Oui, *la Charité*, répondis-je avec un sentiment d'amertume.

— Vous avez dit le mot, mon bon papa Léonard, *la Charité*, puisque c'est comme cela qu'on appelle cette maison qui, jusqu'à présent, est notre seule ressource quand nous vieillissons : mais ce n'est pas une aumône que vous allez réclamer, non, c'est la retraite due à votre existence laborieuse ; vous avez pendant plus de soixante ans travaillé pour le pays, le pays à son tour doit travailler pour vous.

Et la bonne petite âme en me voyant tout triste ajouta, en me prenant les mains :

— Et puis, on n'est pas toujours enfermé dans la *Grande Maison* : il y a les jours de sortie : vous viendrez passer vos dimanches près de nous ; le café ne nous semblerait pas bon si nous le buvions sans notre vieil ami ; quand le mauvais temps vous empêchera de sortir ça sera au tour de votre petite Rose d'aller vous voir.

C'est ainsi que me fut adouci ce que depuis longtemps je redoutais comme un malheur et un mois après, par un beau dimanche, assis dans le préau de l'hospice, j'attendais ma petite amie : mais voilà que je vis entrer un jeune garçon qui travaillait dans la même filature où j'avais travaillé pendant dix ans ; je vous assure que sa vue me fit grand plaisir : je tenais encore sa main dans les miennes quand Rose entra ; elle aussi était charmée de cette visite.

— Vous voyez bien, papa Léonard, disait-elle, les amis ne vous oublieront pas : oh ! merci, monsieur Jules !

— Non, ils ne m'ont point oublié, les amis, ils ne m'ont point oublié, eux surtout, les chers enfants qui, de ce jour où le hasard les avaient réunis près de moi, ont fait un jour de fiançailles ; ils me l'ont souvent répété depuis, à partir de ce jour il y eut entre eux un sentiment plus tendre que l'estime mutuelle qu'ils avaient eue jusqu'alors l'un pour l'autre.

Comment ne l'eut-il pas aimée, la chère enfant, en la voyant si belle et si bonne ? Il savait depuis longtemps combien sa vie était remplie par le travail, mais sans cette occasion qui les mit en présence peut-être Jules n'eut-il jamais osé lui adresser une parole d'amour : cette petite ouvrière avait dans sa simplicité je ne sais quel air de grandeur qui vous commandait le respect.

De son côté, Rose aussi aima bientôt ; ce n'était pourtant point qu'il y eut en ce jeune homme rien qui en fît un être à part ; quant à l'intelligence, jamais il n'avait entré dans une école et ne savait pas lire : depuis plusieurs années il était tout-à-fait orphelin et vivait en compagnon, presqu'au jour le jour ;

du reste, un bon cœur, qui payait volontiers une bouteille à un camarade et jetait sans hésiter sa pièce de dix sous dans le tablier de Rose transformée en quêteuse ; au physique c'était ce qu'on appelle un beau garçon, grand, bien fait avec une physionomie qui respirait la franchise et la bonté : celui-là devait plaire à Rose qui était la franchise et la bonté même.

Et puis, il faut tout dire, son cœur aimant n'était point blasé sur ce sentiment si nouveau pour elle ; souvent il lui arrivait de rencontrer en allant à l'atelier quelque regard jeune et ardent fixé sur elle, mais alors elle hâtait le pas et les amoureux bientôt dépités par cette *sauvagerie*, s'éloignaient sans retour. Ce fut donc Jules qui vint le premier murmurer à son oreille des mots d'amour ; elle comprit qu'il disait vrai, mais elle l'envoya vers son père, et si celui-ci eut trouvé un obstacle à cette liaison elle y eut renoncé ; hélas, ne savait-elle pas combien elle était encore nécessaire à ses parents.

Jules le savait aussi, et, pour rien au

monde, il ne se fut décidé à parler au père ; mais j'étais là, en deux mots tout fut dit :

— Allons, petite, dit le bon père, tu as travaillé assez longtemps pour la maison, il est temps de penser à toi : nous allons épargner pendant deux mois pour les frais de noce.

Voilà comment après l'avoir vu grandir, je la vis marier. Et ce mariage je me le rappelle toujours avec émotion car c'est à cette occasion que Rose me dit un de ces mots comme elle seule savait en dire.

C'est la coutume parmi les ouvrières que lorsque l'une d'elles se marie, les autres lui fassent un petit cadeau ; dans les ateliers elles cotisent volontiers toutes ensemble afin que le cadeau ait plus de valeur. Je vous l'ai dit, Rose était adorée parmi ce monde de travailleurs et tous avaient mis leur part, quand le lendemain de la noce j'entrai dans la petite chambrette des nouveaux mariés je vis une table chargée de cadeaux ; Rose me les montrait un à un.

— Et moi, dit sa bonne mère, qu'est-ce que je vais donc te donner ?

— Oh ! toi, maman, si tu veux me faire bien plaisir tu me donneras la permission de faire dorénavant à ta place, le dimanche, une bonne tasse de café au papa Léonard.

Voilà sa réponse.

Et quand j'y pense, voyez-vous, je sens mon cœur aussi ému de reconnaissance que le jour où Rose fit cette réponse qui me sembla si belle.

Et je n'y ai jamais manqué à ces chères réunions du dimanche où je voyais presque toujours quelqu'un de la famille de Rose et de mon ancien atelier : pauvres enfants, ils m'accablaient tous deux de prévenances ; Rose avait toujours une masse de douceurs à me fourrer dans les poches et Jules s'informait adroitement si j'avais de quoi bourrer ma pipe. Oh ! les deux braves cœurs, je peux bien dire que leur affection est le soleil où se réchauffe ma vieillesse.

Et puis j'étais heureux de les voir prospérer ; tous les dimanches Rose avait à me montrer quelque chose de nouveau dans son petit ménage et elle avait une manière à elle d'arranger tout cela ; sa chambrette était un vrai petit paradis.

Et comme ils s'aimaient, ces deux amoureux ! pourtant.... ah ! faut-il donc tout vous dire ? eh bien, oui, pour ne rien omettre dans cette naïve histoire, je vais vous raconter comment un petit nuage est venu obscurcir ce doux nid d'amour, éclairé par la lune de miel. Rose n'avait perdu aucune de ses habitudes laborieuses ; tous les matins, levée avec son mari, elle l'accompagnait à l'atelier, puis, le dimanche, elle partait dès le matin pour le lavoir : elle ne manquait pas de passer chez sa mère, toujours languissante, et de trouver à doubler sa charge, de sorte que souvent midi était bien près de sonner quand elle revenait à la maison ; elle trouvait Jules fort ennuyé de cette longue attente ; elle l'avait bientôt calmé par une tendre parole, et, quand à la sortie, j'arrivais chez eux je les entendais dans l'escalier qui chantaient à l'unisson. Un jour, cependant, j'eus beau écouter, je n'entendis rien du tout, et, en entrant, je trouvai Rose seule ; je vis qu'elle avait pleuré. Elle m'accueillit avec sa bonté ordinaire, mais elle devint bientôt silencieuse et faisait de gros soupirs en vaquant aux petites choses du ménage ; je voyais bien qu'elle ne voulait point me dire sa peine. La pauvre enfant adorait son mari ; elle n'admettait point, je le devinai, qu'il pùt aller se distraire sans elle ; je la voyais presqu'indignée, elle, si douce d'ordinaire.

Si Jules était rentré à ce moment peut-être sa jeune femme se fut-elle laissée aller à lui dire quelques vives paroles : je vis le danger et voulus faire mon possible pour l'éloigner.

— Jules est donc absent ? lui dis-je, entrant d'abord dans son chagrin. Ah ! que c'est donc fâcheux ! mais que voulez-vous, il faut convenir qu'on aurait bien besoin de son petit dimanche pour être ensemble, mais pas du tout, la petite femme est obligée d'aller se fatiguer au lavoir et l'homme reste seul à s'ennuyer : ah ! si votre Jules avait la même ressource que vous, ma chère Rose, s'il savait lire !

Elle s'était arrêtée me regardant et ne se cachant plus pour pleurer, mais son visage s'était adouci et je le vis tout-à-coup s'éclairer comme si elle venait de trouver une heureuse inspiration, lorsque, cinq minutes après, on entendit Jules monter l'escalier ; elle essuya vite ses larmes et courut l'embrasser tendrement, le pauvre garçon était tout confus de cet accueil ; il s'attendait à des reproches. « Voilà, une chose en entraîne une autre ; il avait, le matin, attendu pendant trois grandes heures le retour de sa femme, puis, l'ennui l'avait pris et il était descendu sur le seuil de la porte : un camarade lui avait demandé à venir boire une chopinette. Peut-on refuser cela à un camarade ? le pire, c'est que celui-là lui avait fait promettre de retourner après dîner pour aller promener avec lui, pouvait-il manquer à sa promesse ? »

Tout en expliquant ses raisons à sa jeune femme, comme pour chercher son approbation, Jules avait cependant un air d'inquiétude que Rose voyait très-bien, mais elle ne semblait point y prendre garde et se mit à lui préparer des vêtements propres pour aller au rondez-vous du camarade.

Je les quittai bientôt, attristé de toutes ses choses ; cette pauvre petite qui n'avait jamais eu aucun des plaisirs du jeune âge, qui avait donné à cet amour toute la tendresse de son cœur. Allait-elle donc trouver sitôt une déception et rester, comme tant de pauvres femmes, délaissées durant cette journée du dimanche, si courte et si heureuse, passée au milieu de ceux que l'on aime, mais qui semble d'une longueur infinie lorsqu'elle est vouée à la solitude....

La semaine me parut bien ennuyeuse et le dimanche, je me demandai si je devais encore retourner être témoin des pleurs de la pauvre Rose.

— Après tout, pensais-je, il m'est bien permis d'essayer un petit sermon à l'adresse de son mari, en particulier, si je peux le joindre.

C'est dans ces dispositions que j'arrivai au seuil de la chambrette, déjà inquiet de ne pas entendre le refrain favori ; mais, tout-à-coup, je m'arrêtai comme pétrifié par la surprise et l'admiration : par la porte entrouverte je voyais les deux jeunes gens assis près de la table où était étalé un énorme alphabet : Rose y faisait courir ses petits doigts en nommant les lettres. Comme elle était changée depuis huit jours ! Son air attentif et grave montrait qu'elle connaissait bien la grandeur de la tâche qu'elle avait entreprise. Elle était un peu pâlie, ma jolie fleur, et ses yeux étaient entourés d'un cercle bleuâtre ; le travail manuel seul ne l'avait point occupé durant cette semaine, l'intelligence aussi avait eu sa part de fatigue, mais quelle joie brillait au fond de son regard ! ah ! c'est qu'aussi c'était un beau triomphe que celui qu'elle venait de remporter, la modeste ouvrière ! elle avait sauvegardé son amour et allait aider celui qu'elle aimait, un pauvre enfant du peuple, à se transformer par l'instruction !

Non, jamais, je ne pourrais dire l'émotion qui me saisit en voyant ainsi ces deux braves jeunes gens ; je me croyais redevenu jeune tant je sentais mon cœur se réchauffer, je courus à eux et serrai bien fort leurs mains sur ma poitrine.

— Ah ! permettez-moi de me reposer et de

me recueillir un moment dans ce souvenir, et puis, laissez-moi réfléchir quelques instants car, ce que je vais avoir à vous dire vous montrera Rose sous un nouveau jour, et j'aurai à vous raconter des choses plus sérieuses que celles que je vous ai dites jusqu'alors ....

L'amour fait de vrais miracles : trois mois ne s'étaient pas écoulés que Jules pouvait lire dans un livre : il faut dire aussi que le cher garçon y avait mis toute son énergie ; lui qui naguère, le dimanche, usait toute sa patience en quelques heures, restait maintenant, ce jour-là, toujours penché sur un livre, et, durant toute la semaine, au retour de l'atelier, le soir, il prenait une heure, et quelquefois deux sur son repos, et, aidé par Rose, il continuait d'étudier avec persévérance.

Enfin, il arriva un jour où Rose n'eut plus rien à lui apprendre ; la bonne créature lui avait donné toute sa science : il pouvait maintenant *marcher seul*, comme il disait, il la renvoya de lui-même à son cher lavoir qu'elle avait momentanément abandonné mais qu'elle regrettait comme une vieille habitude. Elle y retourna enfin, emportant dans son cœur comme une douce récompense, le sentiment du devoir accompli et la certitude d'un redoublement d'affection de la part de son mari; affection bien tendre et qui s'était augmentée d'une pieuse reconnaissance pour tant de sacrifices.

Puis elle aima aussi davantage ses bons parents car elle comprenait tout le prix de leur sollicitude : malgré la misère qui déjà les assiégeait, pendant deux ans, ils avaient envoyé leur petite fille à l'école et c'était là ce qui venait de sauver son bonheur en péril.

Moi aussi, j'avais ma part de la joie de ce petit intérieur.

— C'est pourtant vous, papa Léonard, disait souvent Rose, qui m'avez donné cette bonne idée le jour où j'étais si désolée de l'absence de mon Jules.

Le jeune homme continua donc seul à étudier : parmi les livres de Rose il y avait un, arithmétique et un petit livre de géographie que Rose avait toujours négligés et dont il faisait grand cas, mais il s'en occupait quand il était seul et bien à lui-même.

On avait repris la lecture en commun et c'était Jules qui maintenant s'en chargeait ; sa jeune femme l'écoutait heureuse et recueillie, n'était-ce pas là son ouvrage ? Les amis étaient revenus pour écouter, mais on fut bientôt au bout de la collection de livres ; on parlait d'en acheter de nouveaux quand il me vint une idée.

En entrant à l'hospice, j'avais déposé dans le grenier de mon ancien propriétaire quelques objets auxquels je tenais comme on tient à de vieux souvenirs et dont je n'avais pas voulu me défaire : il y avait entr'autres choses ce paquet de journaux et de brochures dont j'avais pensé que la lecture ne saurait plaire à Rose ; je vous ai parlé de cela je crois, mais je ne vous ai point dit que tous ces écrits étaient bien vieux ; ils dataient de 1848 : tout le monde lisait, dans ce temps-là, et moi, qui ne savait pas lire, j'avais fait semblant d'être comme tout le monde : pourtant, quand j'avais la chance de joindre un camarade qui en connaissait plus que moi, je le priai de me lire un passage ; je savais donc vaguement qu'il y avait là quelque chose, c'est pour cela que je l'avais conservé et que maintenant j'allai en secouer la poussière pour le porter à Jules.

— C'est un homme, lui, pensais-je, peut-être qu'il y trouvera une provision de lecture pour deux ou trois semaines.

Combien je fus étonné de voir, le dimanche suivant, mes deux jeunes gens dans un véritable enthousiasme : durant la semaine, ils avaient parcouru ensemble ces écrits et cela leur avait ouvert un horizon tout nouveau. Ces journaux contenaient tout ce qui avait paru de remarquable en ce temps-là ; proclamations, circulaires, professions de foi ; il y avait là tous ces nobles noms qui sont devenus légendaires, et, enfin, en lisant avec quelque attention, on pouvait avoir une idée du gouvernement que ces vaillants hommes travaillent à consolider.

(Voir la suite à la troisième livraison.)

Reims, imprimerie et lithographie L. DUFOUR.

L'OUVRIÈRE RÉMOISE

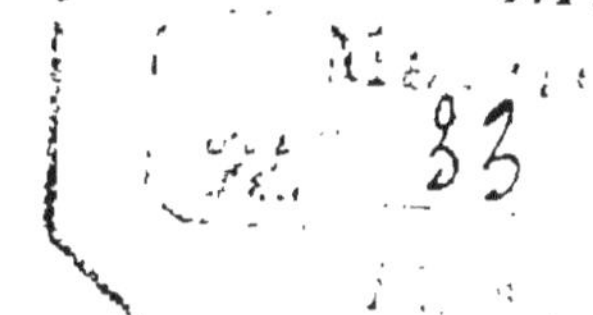

(*Suite*)

— Quoi ! répétait Rose, étonnée et charmée tout à la fois, c'est là ce qu'on nomme République ?

— Pourquoi ne m'avez-vous jamais parlé de ces choses-là, père Léonard, me demanda-t-elle un jour d'un accent de doux reproche qui me fit courber la tête ! Elle commentait à sa gentille façon la devise : Liberté ! Egalité ! Fraternité ! Le dernier mot surtout, elle aimait à le redire : ce cœur fait tout d'amour et d'abnégation voulait le bonheur pour tous ses frères :

— J'ai souvent rêvé, disait-elle, d'une belle divinité recueillant dans une corne d'abondance tous les trésors de la terre et les répandant à profusion et indistinctement sur tous les humains : c'était elle, n'est-ce pas, mes amis, elle, ma République !

Ce qui me surprenait surtout, c'était d'entendre Jules m'expliquer si clairement tout ce qu'il avait découvert dans mes vieux journaux, et, en l'écoutant, parler avec tant de feu, je m'étonnai que ce pauvre paquet fut resté si longtemps endormi dans un coin de ma mansarde. Ah ! l'ignorance, quelle lourde paralysie ! nous restons là, inertes, presqu'indifférents, tandis qu'au dedans de nous gîtent les meilleures et les plus puissantes facultés !

Mes deux jeunes amis se transformaient peu à peu et cela se voyait, non-seulement dans leurs rapports intimes, mais encore dans leurs relations au dehors : Rose était devenue, s'il était possible, plus avenante et plus dévouée avec tout ce qui l'entourait ; mais cela ne suffisait plus à ses aspirations ; elle enveloppait maintenant dans un amour infini la grande famille humaine ! Hélas, les événements allaient bientôt donner un aliment trop fécond à cette âme avide de se sacrifier : nous entrions dans cette cruelle année de 1870 !

Cependant, chez Jules, le changement était plus complet encore : ce garçon, d'une expension un peu bruyante, était devenu un homme sérieux, et, il faut bien le dire, mieux que Rose encore, il avait saisi l'esprit de la lettre dans tout ce qu'il avait lu concernant la politiqne : il parvint à en raisonner justement. Rose, émerveillée, l'écoutait avec déférence, heureuse de sentir la supériorité de son mari et fière de la faire remarquer.

Jules continuait de s'instruire, il avait acheté quelques livres excellents et s'était abonné à l'un des journaux qui, depuis peu, avaient pris naissance dans notre pays : l'esprit public, trop longtemps engourdi, se réveillait. Il faut dire qu'à Reims, ce réveil fut remarquable : on se réunissait, on discutait ; quand j'arrivai le dimanche, Jules s'empressait de me lire ce qui l'avait frappé, et, comme le soleil d'avril réchauffait déjà la terre, il m'emmenait pendant une heure au dehors de la ville afin de causer plus librement : déjà le plébiscite nous menaçait sourdement ; le jeune homme était de ceux qui..... Mais j'oublie que vous êtes venue pour entendre parler de Rose, me voici tout à elle.

Tout d'abord, je dois vous avouer que Rose avait détruit chez moi depuis peu un vieux préjugé, dont je crois vous avoir parlé : mon opinion sur les femmes à propos de la politique, mon avis était qu'elle ne doivent nullement s'en préoccuper ; cependant, lorsque Rose s'introduisit dans ce domaine inconnu jusqu'alors et y donna tout ce qu'il y avait en elle de généreux sentiments, je commençai à dire qu'il n'y avait pas trop de mal ; depuis, j'ai fini par croire que tant que les femmes, unies d'abord entre elles, ne se joindront point bravement aux hommes pour travailler à l'œuvre commune, ce sera toujours à recommencer.

Tout-à-coup, les journaux se mirent à parler de la guerre. Je ne vous en parlerai point longuement, car notre mémoire à tous est encore pleine de tous ces malheurs : je vous dirai seulement que nous étions très affligés ; Jules avait un exemplaire d'un ouvrage que les chefs d'une grande manufacture de Reims fournissaient à leurs ouvriers ; cet ouvrage était un abrégé de leçons sur beaucoup de sciences ; Jules l'avait étudié en entier, mais, depuis quelque temps, il relisait souvent la partie historique, surtout ce qui concernait la France et la Prusse.

— Voyez-vous, père Léonard, me disait-il un jour tout rêveur, ces bruits de guerre prennent consistance, tant pis ; outre que je ne suis point partisan des combats, je crains bien fort que notre pays ne soit point aussi formidablement préparé et de si longue date que la Prusse. Ah ! tout ce que j'apprends dans ce livre à cet égard ne me rend pas gai !

Et il relisait son livre, puis les journaux, jusqu'au jour où la horde ennemie vint envahir notre malheureuse France, et, après Sedan, déborder dans notre ville. Et moi, je me demandais comment les chefs de l'Etat n'avaient pas prévu, eux aussi, ce que devinait si bien un jeune homme ignorant !

C'est le 4 septembre que les Prussiens entrèrent à Reims : ce jour-là mon rhumatisme me retenait à *la grande maison* : mes jeunes amis vinrent ; Rose apportait le café et des douceurs pour moi, mais ils avaient tous deux un air sombre que je ne leur avais jamais vu.

— Les Prussiens sont ici, dit Jules, ah! père Léonard, être jeune et vigoureux, avoir du courage au cœur et n'avoir pas de fusil!

Il était tout pâle et semblait ruminer cette pensée : il la ruminait, en effet, car le lendemain il vint seul et reparla encore du fusil.

— J'ai eu la chance, vous le savez, dit-il, de prendre, il y a six ans, un bon numéro, mais répondez-moi, la main sur la conscience, père Léonard, est-ce qu'un honnête homme a le droit, à cette heure, de coucher tranquillement dans son lit?

— Et Rose? interrompis-je.

Il n'eut pas le temps de me répondre, Rose venait d'entrer précipitamment : elle était toute pâle, mais ses yeux avaient un éclat singulier ; elle nous saisit les mains et s'écria d'une voix vibrante :

— Mes amis, mes amis, la République a été proclamée hier à Paris!....

Non, voyez-vous, je ne pourrai jamais vous raconter cette scène-là : nous nous embrassions en pleurant de joie ; tous les hommes de la salle étaient autour de nous : il y avait là des vieux de 1848; on aurait dit que les cœurs avaient retrouvé la sève de la jeunesse. Ce lieu toujours si calme retentissait d'exclamations enthousiastes; c'était un vrai délire! On oubliait, hélas, que les Prussiens étaient à deux pas.... Ce fut Jules qui le premier reprit du sang-froid.

— Sais-tu, dit-il à Rose, ce que je disais à notre ami quand tu es venue nous annoncer la bonne nouvelle?

Et il lui répéta ses propres paroles : ah! elle le comprit bien, la vaillante femme :

— Pars, dit-elle d'une voix qu'elle s'efforçait de rendre ferme et lui tendant sa main qui tremblait, pars, mon Jules, la République a besoin de tous ceux qui l'aiment!

Et il partit, se dirigeant à pied vers Paris, à travers les lignes prussiennes, d'abord, et succombant ensuite sous les fatigues d'une longue marche, il arriva enfin et trouva quelques amis qui le reçurent jusqu'à l'heure où il fut enrôlé dans l'un des bataillons de l'héroïque cité ; il supporta vaillamment ce long siége qui devait avoir une si douloureuse issue. Il profitait de tous les hasards pour envoyer de ses nouvelles, mais pas une de ses lettres ne parvint à sa jeune femme : l'ennui, l'inquiétude la changeaient à vue d'œil ; elle ne se plaignait point cependant.

— Comment se plaindre, disait-elle, quand on voit autour de soi tout le monde si malheureux ?

En effet, tous souffraient : ici, le commerce était anéanti, les communications rompues ; presque chaque famille rémoise comptait un ou deux de ses membres au nombre des combattants, et, parmi eux, beaucoup de volontaires : une fois partis, on ne recevait guère de leurs nouvelles ; ce qu'on apprenait dans les journaux ne laissait guère l'espoir d'une victoire, pourtant, on ne pouvait abandonner cet espoir ; on vivait d'alternatives désespérées ou rassurantes, et, dans ces douleurs publiques, on oubliait ses propres douleurs.

Dans notre retraite, nous, les vieux, nous ressentions le contre-coup de ces calamités ;

les enfants étaient privés de travail ; les petits-enfants étaient tués ou prisonniers. Ah ! quel temps !

Je ne sortais plus, ne pouvant m'habituer à voir dans les rues les casques prussiens ; ma chère Rose venait, elle, c'était toute ma consolation de la voir ; elle me parlait de son bien-aimé, puis de sa famille ; un de ses frères, l'aîné, avait voulu suivre Jules ; le père, seul travaillait encore trois jours par semaine. Rose était plus heureuse de ce côté, elle travaillait constamment et partageait avec sa famille tout ce qu'elle avait et trouvait encore le moyen de soulager les malheureux qu'elle voyait autour d'elle ; ceux qui surtout excitaient sa pitié, c'étaient ces infortunés prisonniers, passant par convois au chemin de fer ; à l'heure de l'arrivée des trains elle allait près de la gare : son petit panier était plein de provisions ; elle revenait l'âme meurtrie, et y retournait le lendemain. Elle ne disait rien, mais je voyais que dans ses courses quotidiennes, il y avait deux sentiments : la charité ardente, patriotique, et aussi le désir et la crainte de voir parmi les prisonniers celui qu'elle aimait tant! Combien il y en eut de ces femmes dévouées dans ces cruelles épreuves? on ne peut le dire : elles étaient de toutes conditions et de tout âge. Ah! s'il n'eut fallu que du dévouement pour sauver la France elle eut été sauvée! Partout s'organisaient des secours aux soldats prisonniers, combattant ou blessés ; toutes les femmes de Reims tenaient à honneur d'y donner l'œuvre de leurs mains et les plus pauvres voulaient aussi apporter leur obole : ici le comité de secours aux prisonniers éut la généreuse pensée de leur envoyer des effets : au milieu de cet horrible hiver, recevoir de quoi se garantir du froid, des mains de la patrie, devait être bien doux au cœur des pauvres exilés ; les grandes maisons industrielles donnaient leurs plus mœlleux tissus ; les ouvrières se mirent activement à l'œuvre, d'aucunes y donnèrent volontairement quelques veilles.

Le jour de Noël, Rose vint me voir et me dit :

— Je suis venue travailler une heure près

de vous ; on m'a donné, pour faire à temps perdu, deux des chemises qui seront envoyées à nos prisonniers. Elle se mit à travailler en silence, mais je vis tout-à-coup qu'elle pleurait.

— Ah ! dit-elle avec un sanglot, celle-ci lui est peut-être destinée !....

Elle se trompait, Jules n'avait point quitté Paris, il revint dans les premiers jours de février, heureux de revoir sa compagne, mais navré de nos désastres ; il avait été plusieurs fois au feu et avait reçu une balle qui ne l'avait que légèrement blessé, mais son cœur avait reçu une blessure mortelle et il fallait tous les bons soins, toute la tendresse de Rose pour le ranimer peu à peu.

Que vous dirais-je encore ? mes deux jeunes amis ont repris cette existence si laborieuse et si bien remplie que la guerre avait interrompue. Jules continue d'étudier en ses loisirs et c'est à son tour d'enseigner celle à qui il doit ses premières notions. Rose a bien moins de temps que lui à donner à l'étude, en revanche elle est toujours prête lorsqu'il s'agit d'être utile, soit qu'il faille soulager un malheur particulier ou prendre l'initiative d'une souscription publique, il semble que tout son bonheur contient dans ces mots : faire le bien ! mais comme elle est aimée, la chère créature ! Elle est heureuse, croyez-le, autant qu'une bonne âme peut l'être ; heureuse de sa modeste aisance, de voir ses frères, devenus de braves travailleurs, apporter quelque bien-être à la maison paternelle, heureuse surtout de l'amour de son mari et de la naissance du plus joli des bébés.

Pour moi, je ne désire qu'une chose en ce monde, c'est de voir la continuation de ce paisible bonheur et quand aura sonné mon heure, de m'endormir les yeux fixés sur le doux visage de celle qui a été pour moi toute une famille et à qui je dois les plus beaux jours que j'ai passés sur la terre.

En disant ces mots, le vieillard s'était levé car l'heure de rentrer l'asile était venue ; je pris respectueusement sa main et la pressai en le remerciant avec effusion. Il s'éloigna lentement me laissant toute émue de la simple et touchante histoire qu'il m'avait racontée.

L'un de ces derniers dimanches, au déclin du jour, j'allaî visiter ce jardin de création nouvelle qu'on a nommé le squarre Saint-Nicaise : j'admirai ces travaux gigantesques, ces arbustes transplantés, sur un sol ingrat, cette grotte, si fidèle imitation de la nature et ce beau kiosque ouvert aux yeux salutaires de nos jeunes athlétes ; ma pensée se perdait en mille rêveries devant ces merveilles, et, songeant à l'avenir, je pensai que peut-être un jour, en ce pays rémois, amoureux de légende, on raconterait qu'une aimable fée, aidée par des génies bienfaisants, voulant témoigner sa bienveillauce aux habitants d'un pauvre quartier de Reims, parvint, à l'aide d'un monceau d'or, à vaincre la nature rebelle et embellir des lieux voisins de leurs demeures,

Devant moi marchait un jeune couple : le mari en blouse, sa compagne en robe d'été, avec un petit tablier noir dont la ceinture, nouée derrière, flottait au vent : son large filet s'emplissait des torsades de sa luxuriante chevelure blonde dont quelques petites boucles se dégageaient, dorées par les derniers rayons du solei lcouchant; tous deux conduisaient une de ces calèches-miniatures destinées aux jeunes enfants, et s'arrêtèrent enfin pour s'asseoir sur un banc du squarre, continuant durant quelques minutes leur conversation ; puis, le jeune homme tira de sa poche un livre et se mit à lire tandis que sa compagne s'appuyait doucement sur son épaule ; bientôt quelques vagissements du petit enfant apprirent à la jeune mère qu'il s'éveillait, elle se pencha pour le prendre ; le jeune homme se pencha aussi, et, détachant d'une gerbe de fleurs des champs déposée dans la petite voiture une branche de fleurettes, il en orna les cheveux de sa compagne. Dans ce simple mouvement je vis tout un gracieux poème : la jeune femme, charmée, se retourna vivement montrant un visage rayonnant d'une expression d'inneffable tendresse... je ne pus retenir un mouvement ; je venais de la reconnaître, elle, ma jolie Rose, l'ouvrière moderne ! Et dans celui qui l'accompagnait je devinai Jules, le brave travailleur qui, au prix de son repos et de sa santé, avait voulu sortir de l'engourdissement de l'ignorance. Longtemps je les contemplai dans un pieux recueillement, puis m'éloignai silencieuse, emportant dans mon cœur l'image de ces deux êtres bons, courageux et intelligents !

(Fin de l'Ouvrière Rémoise.)

Reims, 30 septembre 1873.

Le succès inespéré des deux premiers numéros de cette petite publication encourage l'auteur à la *rendre hebdomadaire* : les femmes ont souhaité une gracieuse bienvenue à ces modestes pages, et, témoignage plus flatteur encore, les mères les ont laissé aux mains de leurs enfants : que toutes reçoivent ici des remerciments bien sincères.

Dès lors, la tâche est toute tracée : venir durant ces lectures destinées aux loisirs du dimanche et s'inspirant des sentiments de ses lecteurs, partager leur amour du vrai, du beau, emprunter le voile de la fiction pour raconter dans un langage familier, des faits vécus, des émotions éprouvées, et, hélas! des souffrances connues! montrer au grand jour les héros inconnus des devoirs accomplis, ceux-là surtout qui comptent, souvent sans le savoir, dans les destinées d'une nation et apportent, du centre de la vie intime, leur part dans la marche du progrès universel :

Enfin, chercher ensemble les moyens de se rendre dignes d'un avenir meilleur : telle est la pensée de l'auteur, et sa plus chère récompense sera d'avoir été compris.

Adélaide GUILLAUME

En vente chez tous les Libraires

Reims, imprimerie et lithographie L. DUFOUR.

LA FÉE DOLOR

A MA PETITE FILLE

Les esprits forts de notre siècle ne croient plus aux fées ; mais les mères-grand's (et j'eus le doux honneur d'appartenir à cette caste privilégiée), les mères-grand's, mieux que l'incrédule jeunesse, voient et entendent les choses invisibles et inouïes. Naguère on m'a raconté l'histoire d'une fée, et j'avoue en toute naïveté qu'elle est devenue l'objet de mon culte. Cette fée, très jeune (son premier siècle n'a pas encore sonné), est venue bien longtemps après ses devancières. Lorsqu'elle apparut devant l'immortel aréopage, elle était aussi belle que Vénus : il y avait dans ses cheveux des reflets d'or, et ses yeux recélaient le feu divin ! Cependant, il y eut dans l'assemblée un murmure défavorable : les divinités déclarèrent péremptoirement qu'il ne restait aucune baguette enchantée de disponible, et qu'à leur banquet il n'y avait plus de place pour cette dernière venue.

Il est si délicieux, paraît-il, de s'abreuver d'ambroisie et de revêtir les tissus d'or et d'azur ! Nonobstant, la doyenne du lieu, pleine de compatissance, voulut bien lui octroyer deux ou trois attributions de mise bas et quelques amours plus bas encore...

La jeune fée était digne et fière, elle repoussa ses dons flétrissants et préféra s'en aller le cœur vide et vêtue comme la vérité de l'air du temps !

Mais voilà qu'au seuil ses pas furent arrêtés par un objet étrange, c'était une sorte de récipient qui contenait en essence les vœux et les prières que, dans tous les temps, l'humanité souffrante éleva vers les génies et les fées, et que ceux-ci, toujours en fête, jetaient invariablement au panier ! Ils avaient, pour en agir ainsi, mille et une raisons qui leur semblaient toutes très légitimes ; on conçoit très bien, d'ailleurs, que ces êtres éthérés vivant dans des sphères resplendissantes ne peuvent comprendre des détresses auxquelles ils sont inaccessibles. Disons cependant à la louange de quelques fées réputées excellentes que, de temps à autre, les portes d'un palais enchanté s'entr'ouvrant laissaient filtrer une pluie d'or qui allait réjouir le cœur de quelques élus ; cela n'empêchait guère que le panier s'emplissait, s'emplissait et devenait d'un lourd ! si lourd, que la pauvre fée, saisie, d'une pitié immense, ayant voulu le soulever, faillit tomber à la renverse ! Longtemps elle resta penchée sur cet abime de misères, écoutant le murmure de ces innombrables plaintes ; c'est dans cet instant solennel que tout a coup naquit sa vocation, elle se dit que là était son lot, à elle, l'exclue, et que son droit et son devoir était de s'en emparer ; alors, détachant deux nattes de ses cheveux, elle s'en fit des liens, et, dans un suprême effort de courage, elle le saisit et l'emporta dans l'immensité...

Depuis lors, elle va, sublime vagabonde, traînant partout son douloureux fardeau, rendu plus pesant encore, car les vœux humains, toujours rejetés, retombent dans le vide et vont, par une force d'attraction encore inexpliquée, grossir la charge de la malheureuse. Il y a des jours où elle succombe à la peine! Aussi, comme aucune fée n'ayant voulu être sa marraine, elle se trouvait sans nom, elle s'en est fait un, forgé de toutes ses tristesses, et s'est nommée d'elle-même : *Dolor !*

On raconte que, pendant un temps, elle a essayé d'interresser les divinités à la cause qu'elle défend, mais elles les a trouvées sourdes ! — Depuis, oubliant sa céleste origine, c'est parmi les hommes qu'elle daigne marcher, cherchant les bons et les vaillants, heureuse et consolée, lorsque l'un de ceux-là est venu alléger sa peine !

C'est ainsi qu'il me fut donné de la voir ces jours passés, en cherchant des simples sur un des monts qui entourent notre cité ; je la reconnus au rayonnement qui se dégageait de sa personne, je la reconnus surtout à sa hotte monstrueuse et débordante dont les liens avaient meurtri ses chairs ! Elle était vêtue d'une pièce d'étoffe noire, grossière, filée de ses mains et ses pieds nus étaient couverts de la poussière des chemins. Dans ses cheveux, je vis de larges filets blancs et sur son visage des rides prématurées; ses yeux étaient voilés de larmes continuelles qui avaient tracé une sorte de sillon sur ses joues !... Je fus tellement émue de compassion que, sans calculer, je me précipitai les mains tendues pour l'aider.

Téméraire dit la fée Dolor, en repoussant mes mains téméraire, qui voudrait mouvoir un poids capable d'écraser le monde !... Qui es-tu ? reprit-elle. Tandis que son regard fouillait jusqu'au dernier replis de ma conscience, as tu assez aimé, as-tu assez souffert ? Te sens tu préparée au sacrifice de tout ce qui te semble désirable, si ce sacrifice peut constituer un léger apport à la somme d'efforts plus efficaces que le tien, ô faible mortelle, efforts puissants, qui seuls, feront disparaître cette hideur qui me souille et m'oppresse et qui, en ce moment, est l'objet de la pitié.

— « Je le jure, m'écriai-je, transportée ! »

— « S'il en est ainsi, reprit la fée en détachant une bande de son vêtement, reçois, en échange de ton serment, cet insigne de ma livrée de la souffrance que je garderai jusqu'au jour où les hommes, unis fraternellement, se disputeront l'honneur de porter mon fardeau ; ce jour-là, ajouta-t-elle, tandis qu'un doux sourire éclairait subitement son visage austère, ce jour là, je rappellerai ma jeunesse, mes cheveux se couvriront de parfums et de fleurs, puis les étoiles me broderont un manteau, alors je saisirai ma harpe éolienne pour accompagner les nations chantant, toutes ensemble, le cantique des cantiques !

Ayant ainsi parlé, l'immortelle disparut et je restai seule, tenant dans ma main sa banderolle noire qui flottait au vent de la montagne et sur laquelle se lisaient en lettres blanches, qui ressemblaient à des larmes, ces deux mots :

DOULEURS HUMAINES !!

Reims, Novembre 1881

ADÉLAÏDE GUILLAUME.

LA FEMME-CHEVAL

Paris ! ce mot prononcé l'autre soir, à plusieurs reprises, dans notre petit cercle intime avait donné à l entretien une tournure très animée. Les jeunes gens qui naguère sont allés visiter l'Exposition, comme ceux d un âge plus avancé, qui ont fait dans la Capitale un séjour plus ou moins prolongé, tous venaient en parler avec une extrême vivacité d'expressions et racontaient tour à tour ce qui leur y était survenu d'agréable ou de fâcheux. Bientôt la parole fut à celui des nôtres qui a le plus voyagé et le mieux étudié, sa profession de sculpteur et la passion de son art l'ont poussé très jeune à la recherche des œuvres des maîtres ; il est parvenu, dit on, à leur dérober quelques secrets. Ce qu'il a rapporté surtout de ses courses lointaines, c'est un grand fond d'observations qu'il émet d'une façon parfois si originale que cela ressemble au paradoxe; mais, lorsqu'il nous a lancé une de ces phrases qui mettent l'esprit à la gêne, il se plaît ensuite à nous l'expliquer dans un sens qui en montre toute la profondeur. C'est vous dire que, parmi nous, on est toujours désireux d'entendre cette parole à la saveur étrange, et que, ce soir-là, l'attention était générale quand il commença :

« De tous les souvenirs que j'ai conservés de Paris, dit-il, le plus émouvant est celui de la *Femme-Cheval.* — En entendant ce mot, ou plutôt ces deux mots unis et si peu faits pour l'être, il y eut dans l'assistance un léger murmure, tous les yeux demandaient une explication ; mais, lui, reprit imperturbablement :

» Quand, pour la première fois, je quittai Reims, mon pays natal, c'est vers Paris que je me dirigeai pour aller étudier en face des merveilles de la sculpture que j'avais si souvent entendu vanter. N'ayant pour vivre que mon travail, j'entrai dans un grand atelier pour y exercer mon métier ; tous mes loisirs, je les employais à visiter les bibliothèques, les musées et les monuments publics, n'ayant au cœur que la passion du savoir. Un jour, cependant, que le carnaval emplissait les rues et que les couples roses me jetaient en passant des bouffées de jeunesse, je fus pris tout à coup du désir d'avoir ma part de cette gaieté publique, et je m'acheminai vers un bal. Déjà les masques en emplissaient les abords.

» Une marchande d'oranges, elle aussi, se dirigeait de ce côté, avec l'espoir probable d'y vendre sa marchandise. Il me vint alors à l'esprit l'idée, peut-être assez provinciale, d'acheter quelques-uns de ces beaux fruits pour les offrir à la danseuse que je comptais bien me choisir pour cette nuit de folies. Je hâtai le pas pour rejoindre la marchande que je me pris à considérer, sans y prendre garde. Elle était vêtue comme ses pareilles : forte chaussure, jupe courte, vêtement grisaille, et, pour coiffure, un ample mouchoir servant d'abri contre l'intempérie des saisons. Elle marchait lentement, semblant se fatiguer à pousser devant elle sa petite voiture. Durant le rapide échange de notre petit marché, ses yeux tristes et doux rencontrèrent involontairement les miens, et ce regard assombrit pour un instant mes pensées tournées cependant vers les choses riantes. Sans le vouloir, il me revint à la mémoire des fragments d'un discours prononcé durant une nuit mémorable de la première période de notre immortelle République ! ! Qu'on nous apporte ces titres qui outragent la pudeur, qui insultent à l'humanité, qui forcent les hommes à s'atteler à des charrettes comme des animaux du labourage ! ! O Guen de Kerengal ! puissant orateur, murmurais-je, quand tu jetas ce cri d'indignation, tu ne prévoyais pas qu'au dix-neuvième siècle était réservé d'atteler ainsi, non plus seulement des hommes, mais aussi les femmes, ces frêles créatures que la nature a faites pour le travail doux et terrible de la maternité...

» Un incident vint interrompre le cours assez intempestif de mes réflexions : il s'était fait dans la foule un remous produit par l'arrivée d'une élégante voiture ; il en descendit d'abord un couple insignifiant, puis un élégant jeune homme qui se retourna vivement pour aider à descendre une jeune fille qui, sans accepter ce secours, sauta légèrement à terre. C'était presque une enfant ; elle avait seize ans à peine ; le charme qui se dégageait de toute sa personne en faisait une création idéale qui semblait incarner le printemps : il brillait dans la blancheur de son front et sur ses joues à peine rosées; le printemps jaillissait de ses yeux pleins de candeur et ruisselait dans les flots pressés de sa chevelure d'un blond si tendre, qu'il avait des scintillements nacrés. Toute sa parure consistait en quelques flots de gaze d'un vert pâle qui semblaient avoir été jetés à la hâte sur ses formes mignonnes. Elle allait, inconsciente du danger, promenant autour d'elle ses regards étonnés, mais sans défiance. En la voyant ainsi, blanche et pure, couverte de cette verdure paradisiaque et perdue au milieu de cette foule multicolore, le poëte l'eut comparée sans doute à Eve, innocente encore, mais déjà curieuse, entr'ouvrant le feuillage de son Eden pour voir le défilé des divinités mythologiques. Pour moi, je me contentai d'admirer prosaïquement tant de grâces juvéniles, et, entraîné par je ne sais quel courant magnétique, je marchai sur ses traces. Quand je l'eus vue entrer dans la salle du bal, un douloureux gémissement m'arrêta court, je me retournai et vis ma pauvre marchande, le visage contracté, les yeux démesurément ouverts ! elle étendait ses deux mains devant elle et défaillait. Je la reçus dans mes bras ; elle fit quelques exclamations entrecoupées, puis ferma les yeux en murmurant un mot, un seul : Ma fille !...

» Cependant quelques personnes obligeantes étaient allées chercher du secours ; un médecin accourait, mais tous les soins furent inutiles : la marchande d'oranges avait succombé à la rupture d'un anévrisme !

» J'étais sous le coup d'une impression tellement profonde qu'elle effaça tout autre sentiment. Ce n'était plus une inconnue pour moi, cette morte, j'avais compati à sa triste existence, elle m'avait légué sa dernière pensée contenue dans le seul mot qu'elle avait pu prononcer avant de mourir: je pris à l'instant la résolution de rendre à l'enfant la dépouille mortelle de sa mère: Après avoir cherché sur la plaque de la petite voiture l'adresse de la marchande, je la plaçai, avec l'aide de quelques assistants, sur ce pauvre véhicule qui avait été son gagne-pain et qui. peut-être aussi, avait abrégé sa carrière ! puis nous la conduisîmes vers sa demeure, située rue Grenetta, où cet événement produisit une pénible émotion, car elle était aimée de son entourage à qui elle était serviable et qui l'avait surnommée la *Bonne-Femme*. Je demandai sa fille, elle était absente. Une voisine m'apprit qu'elle était en apprentissage dans la rue Saint-Denis pour apprendre l'état de fleuriste, et que, vers le soir, une ouvrière de la maison où elle travaillait était venue avertir sa mère qu'elle passerait la nuit à terminer un ouvrage pressé. Cela avait beaucoup contrarié la *Bonne-Femme*.

» Personne ne put me dire le nom ni l'adresse du patron de l'orpheline ; cependant, laissant la défunte à la garde des voisines, je m'aventurai dans cette longue rue Saint-Denis, dont chaque maison contient plusieurs ateliers et magasins ; j'y errai durant de longues heures, ne me lassant pas de frapper aux portes et de m'informer. De temps à autre, une troupe folle passait près de moi, échangeant de gais propos, alors l'image radieuse de la jeune fille du bal m'apparaissait, mais je la repoussais avec une sorte de violence, voulant rester tout entier à la tâche sévère que je m'étais imposée. Cependant, mes recherches ayant été infructueuses, je regagnai la maison de la morte me disant que j'y trouverais peut-être celle que je cherchai vainement. Lentement, je montai l'escalier, réfléchissant sur les douleurs de la vie humaine, un spectacle saississant me cloua au senil : deux matrones procédaient à l'ensevelissement de la pauvre marchande.... Sans écarter ce voile austère qui se nomme linceul, qu'il me soit permis de dire que moi, dont les yeux étaient saturés de chefs-d'œuvre plastiques, je restai saisi d'admiration. La coiffure, en tombant, avait laissé se dérouler de longues torsades d'une splendide chevelure noire qui, voilant à demi ce beau corps, en faisait ressortir la blancheur mate ; le visage, où régnait maintenant l'auguste sérénité de la mort, était d'une pureté de lignes admirable, et le front, majestueux, semblait retenir encore la pensée ardente.

Seules, les mains, avaient subi l'empreinte du travail rude et emportaient dans la mort le sceau indélébile et sacré d'une existence laborieusement employée....

Ce fut au seuil de cette chambre mortuaire que j'attendis respectueusement que la tâche pieuse fut terminée ; et lorsque je m'approchai de la morte, je la contemplai longuement, me demandant par quel mystérieux sacrifice cette femme, réalisant de nos jours la touchante légende de Peau-d'Ane, cachait ainsi tant de charmes sous des haillons. L'intérêt, la curiosité étaient chez moi éveillés au plus haut point et le hasard vint encore l'exciter davantage. Les voisines, cédant à la fatigue, s'étaient assoupies sur leurs siéges et je restai seul à veiller la morte. Mes regards tombèrent alors sur des feuilles de papier éparses sur le parquet, probablement elles avaient glissé de l'armoire quand on en avait tiré le linge destiné à l'ensevelissement. Un combat s'éleva dans ma conscience à ce sujet. Devais-je chercher à pénétrer le secret de cette tombe ? Et pourtant, si, dans ces lignes, je pouvais savoir où se trouvait l'enfant qui, à cette heure encore, ignorait qu'elle n'avait plus de mère ! Cette pensée fit taire mes derniers scrupules et, ramassant les feuillets dont quelques-uns étaient jaunis par le temps et les autres de date récente, je commençai à lire.

(*A suivre*).

Le succès inespéré des deux premiers numéros de cette petite publication encourage l'auteur à la *rendre hebdomadaire* ; les femmes ont souhaité une gracieuse bienvenue à ces modestes pages, et, témoignage plus flatteur encore, les mères les ont laissées aux mains de leurs enfants : que toutes reçoivent ici des remerciments bien sincères.

Dès lors, la tâche est toute tracée : venir durant ces lectures destinées aux loisirs du dimanche et s'inspirant des sentiments de ses lecteurs, partager leur amour du vrai, du beau, emprunter le voile de la fiction pour raconter dans un langage familier des faits vrais, des émotions éprouvées, et, hélas ! des souffrances connues ! montrer au grand jour les héros inconnus des devoirs accomplis, ceux-là surtout qui comptent, souvent sans le savoir, dans les destinées d'une nation et apportent, du centre de la vie intime, leur part dans la marche du progrès universel, enfin, chercher ensemble les moyens de se rendre dignes d'un avenir meilleur : telle est la pensée de l'auteur, et sa plus chère récompense sera d'avoir été compris.

Adélaide GUILLAUME

Reims. — Typ. et Lith A. Ravillon, rue Cérès, 17.

LA FEMME-CHEVAL

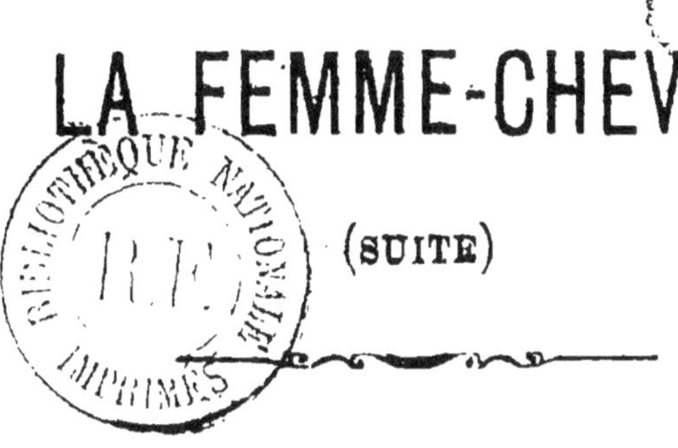

(SUITE)

» Quelque jour je vous lirai ces pages, en famille, mes amis, et vous partagerez l'émotion qui m'envahit alors. Les courts instants qui nous restent aujourd'hui à demeurer ensemble ne me permettent que d'esquisser à grands traits ce qu'elles contenaient, le voici :

» Celle qui reposait là du dernier repos avait pris ses origines aux confins de la France, dans un petit village perdu au milieu des bois. Le hasard l'avait fait naître pauvre, mais la nature l'avait richement douée au physique et au moral. C'était une de ces créatures privilégiées qui, à certaines heures, accomplissent les actes d'héroïsme. Dans le cadre obscur que lui avait tracé sa naissance, elle eut cependant l'occasion de faire preuve de courage et d'abnégation. Orpheline à dix-huit ans, elle se maria sans amour à un pauvre garçon qui se mourait de la poitrine, elle avait espéré que ses tendres soins le rappelleraient à la vie, mais il mourut l'année suivante, lui laissant une petite fille qui semblait avoir hérité de la débilité de son père. Le lait vivifiant de la jeune mère la sauva, et, celle-ci, concentrant toutes ses affections sur son enfant, croyait pouvoir vivre tranquille, sinon heureuse. Il lui était réservé une épreuve terrible : elle aima et elle fût aimée ! Les préjugés qui régissent la société actuelle les séparaient irrévocablement, elle et lui. Alors elle essaya de lutter contre des sentiments qui les envahissaient de plus en plus. Vingt fois elle broya leurs deux cœurs, mais la passion vraie a des emportements irrésistibles ; elle le comprit enfin, et, une nuit, immolant l amour sur l'autel de l'honneur, elle quitta pour toujours, et sans oser regarder en arrière, la chaumière où elle était née !

» Si elle eût été riche, c'est l'univers qu'elle aurait mis entre elle et lui. Ses faibles ressources lui permirent seulement d'aller se cacher à Paris. Là, elle avait espéré qu'à l'aide de son aiguille elle pourrait suffire à ses besoins et à ceux de son enfant.

» Elle ignorait les difficultés qui assaillent l'ouvrière inexpérimentée qui arrive dans un grand centre industriel. Bientôt son petit pécule s'épuisa en vaines recherches de travail. Déjà elle sentait les tiraillements de la faim, et la souffrance plus horrible, son enfant s'étiolait. Un secours inespéré la sauva. Une marchande fruitière ambulante, sa voisine, qui avait deviné cette misère, proposa à la jeune villageoise de lui céder son fonds que son grand âge l'obligeait à quitter. C'était le salut ! Elle l'accepta avec reconnaissance. Cependant elle se heurta encore à un obstacle imprévu : son costume pittoresque, ses vingt ans, sa beauté à la fois superbe et attirante, ses yeux pleins de l'ombre mystérieuse des grands bois et ses beaux cheveux où semblait encore onduler leurs brises embaumées, tout en elle attirait les regards et provoquait des hommages plus ou moins discrets qu'elle repoussait comme une profonation de son noble amour. Alors, elle prit une résolution héroïque : elle ensevelit pour toujours sa beauté sous les habits de la vieille femme et put désormais traverser paisiblement les rues. De ce moment, elle fit de son existence deux parts distinctes : l'une employée aux labeurs quotidiens, l'autre toute à la vie intellectuelle. Le soir, quand elle avait dépouillé ses vêtements trempés de boue, elle dégageait les boucles de ses beaux cheveux et revêtait la robe des anciens jours, sorte de tunique de laine blanche qui la faisait ressembler à la druidesse antique; puis, lorsqu'elle avait endormi son enfant, elle appellait le souvenir toujours adoré, elle appellait aussi l'étude, cultivant son esprit, élevant son cœur, embellissant tout ce qu'il aimait en elle autrefois !...

» Un jour, elle eut une douleur immense : une lettre venue du pays lui apprenait que l'homme aimé n'existait plus ! Elle ressentit au cœur une souffrance qui lui fit comprendre qu'elle était frappée mortellement. Elle ne chercha pas à réagir contre un mal qu'elle savait incurable, mais elle voulut assurer l'avenir de son enfant, qu'elle avait élevée saintement et qui était bonne autant qu'elle-même. Elle l'avait placée comme apprentie dans un atelier de fleuriste et il tardait bien à la pauvre mère que cet apprentissage fût terminé, et que, restant toutes deux à la maison, l'enfant pût travailler sous ses yeux, car il lui était venu de vives inquiétudes. La jeune fille amenait parfois à la maison une compagne d'atelier qui lui parlait tout bas de toilette et de bal. Ah ! ce n'était pas l'amie que la vertueuse femme eût voulu pour sa fille, dont la beauté naissante l'alarmait. Elle est trop jolie, écrivait-elle dans un élan d'orgueil et d'effroi. Et là, dans les dernières lignes qu'elle avait écrites, elle traçait le portrait de sa fille : c'était comme un chant d'amour maternel, tendre et poétique, mais si frappant, que j'y reconnus à l'instant la délicieuse figure entrevue à la porte du bal.... Sa fille ! c'était sa fille ! Oui, cet appel désespéré, ces mains tendues vers l'insensée comme pour la retenir au bord de l'abîme !.. Oui, cette femme qui plaçait si haut le point d'honneur, elle avait reçu le coup mortel en croyant son enfant perdue.

» Il est des événements tellement solennels que celui qui s'y trouve mêlé semble vieillir en un instant de dix années. Je me trouvais dans une de ces circonstances, je me sentais un autre homme, prêt aux actes les plus énergiques, je me levai, m'approchant du lit funéraire pour contempler, une fois encore, la noble créature à travers son suaire ; alors, il me vint à l'esprit un rapprochement étrange : je songeai à ces vaillants coursiers des batailles qui succombent dans la défaite ou triomphent dans la victoire, et, leur comparant la courageuse femme tombée dans sa lutte physique et morale, je la saluai de ce nom qui tout-à-l'heure vous semblait une énigme : « la Femme-Cheval ! »

» Je venais de prendre une grande résolution, et, comme si cette mère eut pu m'entendre, je lui jurai de lui rendre sa fille. Les deux voisines continuaient à sommeiller ; je sortis sans bruit.

» Trois heures du matin sonnaient lorsque j'arrivai en face du bal. Déjà les masques en sortaient, et je n'eus pas à attendre longtemps. Bientôt les deux couples parurent : la jeune fille, ralentissant le pas, marquait encore de ses petits pieds la dernière ritournelle Sa vue avait excité en moi les mouvements les plus tumultueux et je bondis vers elle : mais son regard s'attacha sur moi si plein d'innocence, mais son front avait si bien gardé sa blanche clarté que tout mon courroux tomba ! Cependant le vice était là, guettant avidemment une si belle proie ! Déjà la folle compagne appelait d'un signe l'enfant qui s'attardait ; déjà une main finement gantée, entourant sa taille, l'entraînait vers la voiture... La fureur, l'indignation doublèrent mes forces : je broyai dans les miennes cette main profanatrice, et, m'adressant brutalement à la jeune fille, je lui jetai ces mots cruels : « Votre mère est morte ! »

L'effet fut eff.ayant sur la malheureuse ; elle devint blanche comme un lys et ferma les yeux. Je la pris dans mes bras et l'emportai dans une voiture sans que ceux qui l'accompagnaient eussent osé intervenir. Quand elle revint au sentiment de l'existence, et qu'elle comprit l'étendue de la perte qu'elle venait de faire et que son imprudence avait hâtée, elle se replia sur elle-même abîmée de douleur et de honte! C'est ainsi que je la déposai dans sa petite chambrette sans que les gardiennes, toujours endormies, l'eussent aperçue, puis je vins reprendre ma place au chevet de la morte. Alors il se passa un fait bizarre et qui est resté jusqu'à ce jour inexpliqué pour moi. Il me sembla entendre un grondement sourd, c'était comme une tempête d'âmes où se mêlaient des sanglots étouffés, des plaintes déchirantes ; puis, je croyais voir passer des groupes nombreux de ces créatures dangereuses qui n'ont de la femme que les formes, et qui, étalant un luxe fangeux, jouaient aux bras de leurs complices la parodie de l'amour, tandis que défilait lentement le long cortège des mères éplorées, des épouses trahies et des enfants abandonnés. Peu à peu, le tumulte se calma et une voix aux accents profonds et menaçants se fit entendre et prononça pendant longtemps des paroles de réprobation dont quelques-unes encore retentissent dans mes souvenirs ; elle disait, cette voix :

Honte à celles qui, pour quelques jouissances éphémères, désertent le devoir ! Celles-là sont le déshonneur des familles, la perte des sociétés et la ruine des nations !...

» ... Quelle était cette voix ? Etait-ce l'âme inquiète de la mère, ou la conscience troublée de l'enfant ? Etait-ce seulement mes propres accents ? En vain, j'interroge les souvenirs de cette veillée funèbre pour y chercher une solution. Et, quand j'allai vers la jeune fille pour savoir si elle subissait aussi cette sorte de vision, le bonheur immense que j'éprouvai à sa vue arrêta ma voix. Elle était transfigurée ! Rejettant loin d'elle ses oripeaux de bal, elle s'était revêtue de ses plus simples vêtements d'ouvrière ! Ainsi purifiée, elle osa seulement alors venir pleurer sa mère et s'écrier, en tombant à genoux : Pardon, pardon. O ! ma mère, je serai digne de toi !...

» Elle a tenu parole, acheva simplement le narrateur, tandis que son regard, chargé de tendresse, nous désignait involontairement peut-être sa compagne, jeune encore, et qui a conservé du bel âge ses jolis cheveux blonds et ses grâces ingénues, qui lui font une éternelle jeunesse ; mais son émotion à elle-même l'avait décelée. Ses lèvres pressaient les mains de celui qui avait été son sauveur ! Nous nous levâmes silencieux, émus, pour leur étreindre affectueusement la main à tous deux, car, il a dit vrai, elle a tenu parole et marche vaillamment parmi celles qui vont, courbées sous le faix, mais les yeux tournés vers la lumière, la suprême Espérance !

Adélaïde GUILLAUME.

4 Mars 1880.

AU COURS D'ADULTES

Comme elle est belle la campagne autour de Reims, quand au mois d'août le soleil, à son apogée, verse ses plus chauds rayons sur les moissons dorées, alors que par les chemins s'avancent les moissonneurs prêts à couper les blés mûrs, tandis que de lourds chariots transportent déjà de plus hâtives récoltes ! L'air qu'on respire est vivifiant ; on se sent comme rassasié, et quand les regards, cherchant plus loin, s'arrêtent sur les magnificences de cette ceinture de montagnes couvertes de vignes, entourant la cité et lui mettant au front une couronne anacréontique, alors l'âme émue chante un hymne de reconnaissance en l'honneur du courageux fécondateur du sol ! Combien il lui a fallu de rudes et patients labeurs avant d'en arriver à cet heureux résultat : que de fois il s'est courbé avec une inquiète sollicitude vers ces germes naissants de richesse et d'abondance, jusqu'au jour où, relevant son front ceint d'un légitime orgueil, il a pu dire à ses compatriotes : voici le pain ! voilà le vin !

Il est en ce pays un autre spectacle bien digne aussi d'attirer les regards. D'autres moissons se préparent dans les murs de la ville : celles de l'industrie. Quand le berger a dépouillé ses brebis de leurs toisons, elles sont apportées en masse dans la grande ruche industrielle, où, livrées à de puissantes machines qui les préparent à être maniées par des mains habiles ou artistiques, elles sont bientôt transformées en tissus élégants ou moelleux et viennent contribuer à la prospérité de la nation.

Là aussi le travail est ardu, incessant. Dès le matin, les cloches de la cathédrale et de Saint-Remi s'ébranlent pour sonner l'appel au travail ; cela dure quinze minutes, pendant lesquelles les rues s'emplissent de travailleurs petits et grands : durant ce quart d'heure, tous se pressent et courent afin d'arriver exacts à l'atelier, qui ne doit s'ouvrir pour eux qu'à l'heure du repas ou lorsque la journée sera finie. Celle qui écrit ces lignes a été, toute enfant, mêlée à ce monde actif ; elle y a été témoin de faits tristes ou touchants qu'elle voudrait pouvoir dire. Peut-être l'entreprendra t-elle un jour. Mais aujourd'hui elle essaie simplement de raconter en quelques mots l'histoire de l'un de ces humbles travailleurs.

Il y a bien des années déjà, on voyait chaque jour, à l'heure matinale, un jeune couple arriver des premiers à l'ouverture d'une filature de la rue de Venise. Raymond était fileur et Mina dévideuse. Tous deux travaillaient dans la même maison, immense manufacture de laine cardée et qu'on appelle les Longaux. Toujours ensemble, ils semblaient s'aimer comme aux premiers jours de leur union, qui datait cependant de plusieurs années et qui leur avait déjà donné deux enfants. On les citait, à l'atelier, comme les meilleurs et les plus honnêtes ; tous deux avaient la sympathie de leurs camarades ; cependant... ah ! quel tableau n'a pas d'ombre ? on disait entre soi, à l'atelier, que Raymond avait un grand défaut ; d'aucuns disaient même que c'était une passion pour laquelle il perdait son temps et son argent ; qu'il ruinait sa santé et que c'était grand dommage, car, avec une petite femme si travailleuse et si économe, il aurait pu faire une bonne maison, etc.

Hélas ! oui, le malheureux ! il avait une passion terrible, indomptable, qui lui prenait le peu d'instants qu il eût pu donner au repas ; qui lui prenait la moitié de ses nuits, et même, parfois, il faut bien l'avouer, les heures qu'il devait au travail, qui faisait de son existence une sorte de combat et une continuelle fatigue : Raymond, le fileur, avait la passion de l'étude !

Dans son enfance, Raymond avait été à l'école pendant une année à peine ; il était l'aîné de quatre enfants. Un jour, le père tomba malade et, quelques jours après, il mourait. Ce fut bien vite la misère pour les orphelins et leur mère. Raymond avait huit ans ; cependant, il comprit que la mort venait de le faire chef de famille, et il quitta l'école pour entrer dans une filature où, dès le premier jour, il gagna son morceau de pain ; il ajustait du revers de sa main, sur une sorte d'entablement, des rubans de laine. Ce travail faisait saigner ses petits doigts aux phalanges. De temps à autre il les essuyait furtivement sans rien dire.... Mais, le samedi soir, quelle joie d'apporter à la mère ses trois francs douze sous de paye ! il était pâle et fluet. Cependant, il grandisssait et put, en changeant d'emploi, gagner davantage. Enfin, il fut assez fort pour manier un métier de fileur, et ses petits frères travaillant à leur tour, il réalisa son rêve le plus caressé en épousant la douce Mina, qui travaillait dans le même atelier que lui.

Depuis plusieurs années déjà, il suivait assidûment les cours d'adultes. Chaque soir, en quittant son travail, oublieux de la fatigue, il allait s'asseoir sur un banc de l'école, où il écoutait avidement les leçons d'un professeur. Il avait des aptitudes pour apprendre toutes choses ; mais ce qui le captivait le plus, c'était le dessin, et ses progrès en cet art furent si rapides qu'ils étonnèrent le maître lui-même, qui, comparant les facultés du jeune homme à sa position sociale, murmurait souvent : — « Quel dommage ! ce garçon aurait pu aller loin ! » Raymond ne l'entendait pas ; il n'y avait chez lui nulle ambition, c'est ce qui faisait son mérite, et peut-être aussi sa force ; nul désir intéressé ne venait entraver ses pensées ;

il aimait la science pour elle-même, sans souhaiter les avantages matériels qu'elle peut donner. Lorsque, sans trop léser le ménage, il avait pu se procurer un livre nouveau ; quand, durant de longues veilles, il s'y était absorbé, le front pâlissant sous l'âpre travail de la pensée, il avait pu extraire ce qu'il avait de bon, ce livre, et se l'assimiler pour ainsi dire à lui-même, alors tressaillant d'une joie immense, il jetait un cri de triomphe et de liberté.

Il se trouva tout étonné, certain jour, d'être le premier de sa classe ; ce jour-là, le professeur, en le quittant, lui remit une carte d'invitation pour assister à la distribution des prix aux écoles d'adultes, qui devait avoir lieu le jour suivant.

(*A suivre*).

Reims. — Typ. et Lith. A. Ravillon, rue Cérès, 17.

AU COURS D'ADULTES

(SUITE)

Le lendemain, dans une des salles de la mairie, les autorités de la ville étaient assemblées pour présider à cette solennité. C'était un spectacle des plus imposants : on éprouvait un sentiment de respect en voyant à côté de jeunes élèves des hommes dans la force de l'âge, parmi lesquels il s'en trouvait à la barbe grisonnante. Les spectateurs étaient nombreux, et dans la foule des dames en toilettes élégantes une ouvrière en petit bonnet se faisait toute petite afin d'éviter les regards, ce à quoi elle avait réussi. Bientôt le maire de la ville de Reims se leva pour prononcer des paroles d'encouragement et d'éloges aux écoliers ; puis la distribution commença.

Cinq fois le même nom retentit dans cette assemblée et cinq fois ce nom fut salué par des acclamations qui jetaient un grand trouble dans le cœur du modeste lauréat, étonné, confus ! Oui, Raymond le fileur, le pauvre enfant qui travaillait depuis l'âge de huit ans, il avait remporté tous les premiers prix ! Et ce monde d'élite venait de donner par son admiration enthousiaste une consécration solennelle à ce talent inconnu qui venait de se révéler. Ah ! n'est-ce pas qu'il avait le droit d'être fier ! Mais non : il semblait, au contraire, embarrassé de ce triomphe et son regard errant cherchait un appui.

Ce regard rencontra celui de la jeune femme, à demi caché en son coin. Il marcha vers elle, et, s'inclinant à demi par un mouvement spontané qui venait de l'âme, il déposa sur ses genoux les récompenses qu'il venait de recevoir ! Alors il y eut dans la salle un frémissement magnétique ; tous les yeux étaient fixés sur ce groupe si touchant, qui, en ce moment, personnifiait les plus nobles passions, le courage, le dévouement, l'amour !...

Cette journée devait être pour Raymond le commencement d'une ère nouvelle : l'incident de la distribution l'avait mis en relief. Il fut appelé dans plusieurs familles pour y donner des leçons. Il avait le don de l'enseignement ; sa voix était pénétrante, son geste à la fois sobre et démonstratif ; son profond savoir, si laborieusement acquis, tout faisait de lui un maître précieux. Bientôt sa réputation franchit le cercle intime : il fut demandé comme professeur de dessin dans une des premières écoles de Reims, où pendant de longues années, il donna, avec d'excellentes leçons, l'exemple d'une vie sans reproche !

Peut-être l'avez-vous rencontré parfois, cet homme de bien, qui, après avoir fourni une longue carrière, établit avantageusement ses enfants et vit dans la retraite avec sa compagne dévouée. Si ces lignes vont jusqu'à lui, sa modestie ne se doutera pas qu'il s'agit de lui même, et il croira adressé à un autre ce discret hommage rendu au vaillant travailleur de la pensée, — on dirait volontiers à l'homme de génie !

Adélaïde GUILLAUME.

LA FÉE NEIGE

C'était la plus petite des Fées, mais elle était si jolie et gracieuse qu'on l'en avait proclamé la plus belle entre toutes. Elle était née avec une étoile au front ; ses yeux, pleins de tendresse ineffable, scintillaient comme des diamants ; son visage était d'une douceur infinie et d'une blancheur aussi éblouissante que celle de sa longue chevelure.

Au jour immémorial de sa naissance, la fée, sa marraine, avait voulu lui donner sa plus belle robe, mais elle ne voulut jamais d'autres vêtements que ses incomparables cheveux qui lui faisaient une éclatante tunique ; une seule boucle avait suffi à composer l'écharpe nouée à sa ceinture et dont les longs plis ondulaient dans les airs, sa demeure habituelle. Mais ce qui constituait le plus grand charme de la Fée Neige, c'était le don merveilleux et unique d'avoir le cœur transparent ; l'enveloppe diaphane qui l'entourait le laissait voir à nu : il était composé de petites flammes brillantes et pures, à travers lesquelles on lisait les plus nobles passions, depuis la plus tendre, l'amour, jusqu'à la plus virile, le courage.

Lorsqu'on la voyait planer majestueuse et sereine, on pensait qu'elle était la plus heureuse des immortelles ; mais il y a, paraît-il, dans ce monde-là, des imperfections comme dans le nôtre, et la fée Neige avait son douloureux mystère... Je vais vous le dire, bien bas, avec prière de ne le répéter à personne, car on pourrait me soupçonner d'être dans le secret des dieux. — Donc, la pauvre Neige avait une terrible infirmité, durant l'hiver ; à certains moments, elle était arrêtée dans sa course aérienne par une sorte d'évanouissement. Pendant ce temps-là, ses longs cheveux, dénoués au vent, laissaient tomber, sous forme de futiles étoiles, une poussière fine et blanche. Cela durait des heures et des heures. Lorsque la fée reprenait connaissance et qu'elle abaissait son regard sur notre planète, elle voyait les monts et les plaines, les villes et les hameaux ensevelis sous cette couche glaciale émanée de sa chevelure. Alors, comprenant le mal qu'elle avait fait inconsciemment, elle avait des accès de désespoir. Son cœur était, à ces heures-là, plein d'un trouble affreux. Elle allait trouver le bon Génie, qui présidait à sa destinée, et joignant ses petites mains blanches, elle lui disait à travers ses larmes :

« — Pourquoi, ô Maître, avoir permis au destin de faire en moi un contraste si étrange ? Obtenez que je sois délivrée de ce poids énorme de misères et de souffrances qui naissent de moi, ou reprenez le don funeste que vous m'avez fait en allumant dans mon cœur cette flamme sacrée qui brûle pour l'humanité tout entière. — Ma fille, répondait le Génie, nul, même parmi les dieux, ne peut échapper aux lois fatales de la destinée Tu pleures d'être une cause de tourments pour les hommes, toi qui voudrais tant contribuer à leur bonheur, sache que la science te juge nécessaire à la purification du sol, et que cela soit ta consolation. »

Neige s'en allait rêveuse, mais inconsolée, et les siècles s'écoulaient la laissant toute à sa pensée. Or, il arriva une année dont la date m'échappe, où le froid était si intense que depuis plus de cent ans on n'en avait vu de pareil. Dans cette rude période, la pauvre Neige fut prise de sa crise léthargique qui la tint inanimée pendant durant trois grands jours et trois longues nuits.... La fine et brillante poussière tombait, tombait toujours. Quand la bonne Fée revint à elle, son premier mouvement fut de ramener ses cheveux qui s'épandaient follement dans la nue ; puis elle se pencha vers notre sphère et de ses yeux de lynx, elle regarda...

Un cri d'horreur s'échappa de sa poitrine, d'un seul coup d'œil elle avait embrassé tous les ravages causés par elle. Elle vit, par les chemins, de malheureux piétons traversant l'épaisse couche blanche et quelques-uns qui tombaient pour ne plus se relever. Les chantiers et usines étaient à demi ensevelis. et tout auprès se tenaient les ouvriers inactifs. Son regard, plongeant dans les chaumières, les mansardes, vit de pauvres membres épars sur des grabats, tremblants sous de vieux lambeaux, et de doux petits êtres, naguère encore rosés et blancs, maintenant bleuis et raides. Elle voyait aussi, errant par la campagne, les animaux, les volatilles cherchant vainement leur pâture, toute la nature enfin ensevelie sous un linceuil de mort. A cette vue, Neige ressentit une douleur si aiguë qu'elle eût été susceptible d'en mourir, si elle n'eût été immortelle, et, dans un élan de sublime indignation contre elle-même, elle porta violemment ses deux mains à son cœur et, l'arrachant de sa poitrine, elle le jeta sur la terre !

Le hasard voulut qu'il tombât dans les régions d'un pays qu'on dit se nommer la France. Mais, ô prodige, en tombant, ce cœur, formé d'une essence divine, se dissémina en des milliers et des millions de petites flammes qui, s'éparpillant dans l'air, devinrent des atomes imperceptibles et furent aspirées par les habitants de cette partie du globe ; alors, il se passa un fait inouï dans les annales de l'histoire : tous ceux qui, sans le savoir, avaient absorbé une parcelle du cœur de la Fée, se sentirent émus des plus doux sentiments ; ils se cherchaient pour combiner ensemble par quels moyens ils pourraient travailler au bonheur de leurs semblables, et ils y mirent tant de courage et de bonne volonté qu'ils y réussirent. Pendant ce temps, Neige rendait ses derniers soupirs ; la pauvrette en donnant son cœur avait donné sa vie, et, tout immortelle qu'elle fut, il est possible qu'elle eût cessé de vivre, si le bon Génie ne fût allé à sa recherche. Il la trouva mourante dans une couche éthérée, et c'est à peine si elle eut la force de murmurer en repoussant les soins qu'il lui prodiguait :

Laissez-moi, je ne veux plus être !

Mais le bon Génie l'eût bientôt rappelée à la vie en rallumant de son souffle puissant le feu sacré qui composait le cœur de la petite Fée. Lorsqu'il la vit entièrement ranimée, il lui montra d'un geste le spectacle émouvant qui se déroulait dans un coin du globe, et, l'ayant contemplée maintenant souriante, heureuse, il fit retentir l'espace de ces paroles à jamais mémorables :

Souviens-toi toujours, ô Fée, que c'est de ton cœur meurtri que viennent de jaillir, comme d'une source vive, les plus généreuses inspirations. Chaque fois, que, parmi les dieux aussi bien qu'au milieu des hommes, il se produit un grand progrès, il émane toujours d'un grand sacrifice.

Lorsque tes yeux, en s'abaissant sur le monde, y verront un malheur public ou privé, une injustice ou une trahison, n'hésite pas, laisse jaillir l'étincelle sacrée qui grandira et deviendra le phare resplendissant de l'incommensurable avenir et sera nommé du plus beau nom : Fraternité !

Adélaïde GUILLAUME.

Reims, le 13 Décembre 1879.

RÉSURRECTION

La société est en travail d'enfantement. Elle est là, gisant sur son lit de misère, au paroxysme des souffrances de sa gestation séculaire, se tordant en des convulsions si horribles qu'elles ressemblent aux affres de l'agonie, et laissant échapper des plaintes si douloureuses qu'on les prendrait pour des injures ! Le doute et la défiance naissent entre les fractions d'un même parti ; les discussions s'aigrissent ; dans tous les journaux français on lit des polémiques ardentes qui donnent le droit aux autres pays de se demander si la France est peuplée d'habitants d'une même nationalité ! Des grèves éclatent partout, dans toutes les professions ; le malaise général des esprits s'accentue, et l'on pourrait croire que le vieil édifice social, s'ébranlant sur sa base, va s'écrouler dans un cataclysme épouvantable.

Mais non ! cette agitation n'est que le signe de la marche en avant de l'humanité, et ce sera la gloire du dix-neuvième siècle de l'avoir aidée à franchir une étape formidable.

L'humanité, entrant résolûment dans une ère nouvelle, va prononcer le dernier mot de la civilisation, qui n'est que le premier cri de la nature : *Egalité absolue !* Elle veut, pour l'homme, la fière satisfaction de suffire seul aux besoins de la famille ; elle réclame pour la femme le droit primordial d'être mère, de nourrir son enfant de son lait et de l'élever selon les principes de l'hygiène et de la morale ; elle exige que l'enfant s'épanouisse à l'air pur, partagé entre les soins qui feront de lui un homme fort et l'instruction virile qui, seule, formera le citoyen modèle ! L'humanité repousse en arrière ces lois iniques qui permettent que des millions de créatures restent enfermées durant douze heures et plus dans une atmosphère chargée de miasmes asphyxiants, ou dans les profondeurs de la terre, privées de l'éclat du soleil et de sa chaleur vivifiante, et cela pour suffire à peine à conserver une existence qui ressemble à un long martyre ! L'humanité a enfin honte de toutes ces faces pâles qui, à la sortie des ateliers, emplissent les rues ; elle a honte et remords d'envoyer, au jour de la bataille, ces chétifs garçons qui n'ont à verser pour la patrie qu'un sang appauvri, et qui, à la première marche forcée, tombent épuisés sur la route !

Oui, la vieille société est près de mourir; mais ses derniers regards pourront voir encore une éblouissante image : l'humanité, à son apogée de bonté suprême, qui sera le sceau de sa puissance, préparant un immense autodafé où seront jetés pêle-mêle tous les éléments de discorde et de haine, haillons et priviléges, et la nature enveloppant d'une même étreinte maternelle tous ses enfants !

Puis, tout au fond de ce superbe tableau, la France apparaîtra, notre France bien-aimée, le front ceint d'un diadème où ces mots seront inscrits en lettres d'or :

RÉPUBLIQUE UNIVERSELLE !

ADÉLAÏDE GUILLAUME.

UNE TROUVAILLE

Les épiciers sont parfois des profanes qui déchirent indistinctement le papier blanc ou maculé d'encre : ce matin, l'un d'eux m'a enveloppé je ne sais plus quelle denrée dans un feuillet couvert d'une écriture qui attirait mes regards ; j'ai lu, et, sous la plus vive impression, je viens de transcrire les lignes suivantes, qui n'ont ni date ni signature :

« La fatalité veut que les premières lignes de ce manuscrit soient dictées par une pensée assombrie : hier, je fus à l'enterrement d'un enfant de notre quartier et son souvenir m'a hantée durant cette nuit d'insomnie ; c'était l'aîné de six ! il n'avait que treize ans, je croyais qu'il en avait quinze, il y avait si longtemps déjà qu'il travaillait.

Depuis deux ans il était à l'usine, mais ses labeurs dataient de bien plus loin déjà : c'est lui qui transportait la besogne de sa laborieuse mère, lui qui veillait sur ses petits frères et faisait les courses ; ses petites forces surmenées ont faibli peu-à-peu : depuis plusieurs mois il était à l'hospice, mais il a voulu revenir mourir dans les bras de sa mère qu'il aimait ! Il a fini, le regard attaché sur elle, en lui disant : Oh ! si tu savais comme je souffre, maman, tu crierais à ma place !

Oui, ils doivent souffrir, ces jeunes arbustes pleins de la sève de la jeunesse, arrachés à la vie par un travail prématuré joint à des privations. Ce pauvre petit qui portait à l'usine des charges plus lourdes que lui, qui n'avait pour reconfort qu'une chétive nourriture, et pour se reposer qu'une hotte de paille dans un grenier dont la tuile mal jointe laissait filtrer l'air humide, la pluie, la neige, ce pauvre petit est mort à la peine ! Aussi, lorsqu'hier on descendit le cercueil dans la fosse et que je vis les quatorze adolescents qui lui avaient fait cortége l'entourer comme une couronne vivante, se penchant comme attirés par ce tombeau, je fis un mouvement comme pour les retenir : le mien était parmi eux ; le mien voué dès longtemps aux mêmes fatigues, aux mêmes privations, et, les yeux pleins de larmes, je m'éloignai en murmurant :

O société qui ne fais rien de valable pour sauvegarder l'existence de ces enfants dont les bras sont nécessaires à ta prospérité et à ta défense, si tu n'y prends garde, ceux qui pourront survivre laisseront des fils plus étiolés qu'eux-mêmes et ce sera ton châtiment ! »

Pour copie conforme,

ADÉLAÏDE GUILLAUME

Reims. — Typ. et Lith. A. RAVILLON, rue Cérès, 17.

www.ingramcontent.com/pod-product-compliance
Lightning Source LLC
LaVergne TN
LVHW020354230826

846091LV00003B/1103

9782013504966